Dieses Buch gehört

____

Bibliografische Information der Deutschen Nationalbibliothek

Die Deutsche Nationalbibliothek verzeichnet diese Publikation in der Deutschen Nationalbibliografie; detaillierte bibliografische Daten sind im Internet über http://dnb.d-nb.de abrufbar.

verlags gruppe engagement

Das Gesamtprogramm
von Butzon & Bercker
finden Sie im Internet
unter www.bube.de

ISBN 978-3-7666-0822-2

2. Auflage 2008

Umschlagillustration: Astrid Leson, Münster
Umschlaggestaltung und Satz: Elisabeth von der Heiden, Geldern

Alois van Doornick

Wir grüßen dich, Maria

Mein Buch vom Rosenkranz

Mit Illustrationen von Astrid Leson

Butzon & Bercker

Inhalt

Rosenkränze im Gespräch

„Woher kommst du?“, fragt der abgegriffene Rosenkranz den Neuankömmling in der Schublade. „Wer seid ihr?“, möchte der neue schwarze wissen. „Komm erst mal in unsere Runde!“, meint der mit den blauen, kleinen Perlen. „Ja, komm rein!“, sagt der silberne Rosenkranz-Ring, der dem Vater gehört. „Jetzt hat jeder in der Familie einen Rosenkranz“, überlegt er. „Ja“, sagt der zerschlissene, den Tim von seiner Oma hat, „der Mutter gehört der blaue. Sarah hat zur Kommunion den schwarzen bekommen. Ob die uns jetzt öfter beten?“ „Vielleicht wissen viele zu wenig, was man mit uns anfängt. Die Oma hat mich damals regelmäßig gebetet“, meldet sich Tims Rosenkranz. Der blaue überlegt: „Wer den Rosenkranz betet, ist mit seinen Gedanken bei Jesus. Und er kann Jesus für andere bitten.“ „Ja, und von Maria kann man echt was lernen“, ergänzt nun der neue schwarze. „Man müsste einfach mal wieder den Rosenkranz zur Hand nehmen …“, beendet der silberne das Gespräch in der Schublade.

Wie du den Rosenkranz betest

Beginne beim Kreuz. Dann lässt du die Perlen zwischen den Fingerspitzen deiner Hände einzeln weiterwandern. Jede Perle hat ihr bestimmtes Gebet …

Kreuz:
Kreuzzeichen und *Apostolisches Glaubensbekenntnis*

Einzelperlen:
Ehre sei dem Vater und *Vater unser*

Dreier-Perlengruppe:
Bei jeder Perle ein *Gegrüßet seist du, Maria,*
jeweils mit besonderer Ergänzung:
– Jesus, der in uns den Glauben vermehre
– Jesus, der in uns die Hoffnung stärke
– Jesus, der in uns die Liebe entzünde

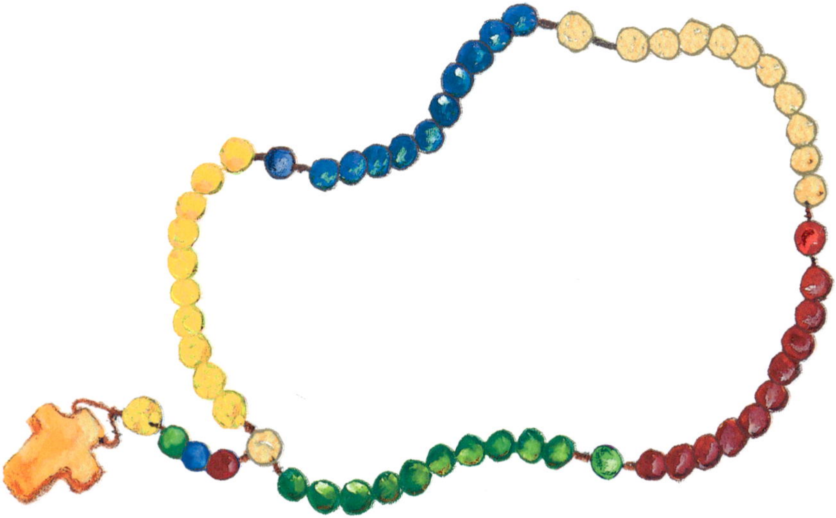

Zehner-Perlengruppen:

Bei jeder Perle ein *Gegrüßet seist du, Maria* (10 Perlen bilden ein „Gesätz": Bei einem *Gegrüßet seist du, Maria* fügen wir nach *Jesus* eine bestimmte Ergänzung ein. Jedes Gesätz hat einen anderen Zusatz. Jedes Rosenkranzgebet hat fünf verschiedene Zusätze zum *Gegrüßet seist du, Maria.*)

Nach der letzten Zehner-Perlengruppe beenden wir den Rosenkranz mit einem *Ehre sei dem Vater.*

Unsere wichtigen Gebete

Kreuzzeichen
Im Namen des Vaters und des Sohnes
und des Heiligen Geistes. Amen.

Das Apostolische Glaubensbekenntnis
Ich glaube an Gott, den Vater, den Allmächtigen, den Schöpfer des Himmels und der Erde, und an Jesus Christus, seinen eingeborenen Sohn, unsern Herrn, empfangen durch den Heiligen Geist, geboren von der Jungfrau Maria, gelitten unter Pontius Pilatus, gekreuzigt, gestorben und begraben, hinabgestiegen in das Reich des Todes, am dritten Tage auferstanden von den Toten, aufgefahren in den Himmel; er sitzt zur Rechten Gottes, des allmächtigen Vaters; von dort wird er kommen, zu richten die Lebenden und die Toten.
Ich glaube an den Heiligen Geist, die heilige katholische Kirche, Gemeinschaft der Heiligen, Vergebung der Sünden, Auferstehung der Toten und das ewige Leben. Amen.

Ehre sei dem Vater und dem Sohn
und dem Heiligen Geist,
wie im Anfang, so auch jetzt und alle Zeit
und in Ewigkeit. Amen.

Vater unser im Himmel,
geheiligt werde dein Name.
Dein Reich komme. Dein Wille geschehe,
wie im Himmel so auf Erden.
Unser tägliches Brot gib uns heute.
Und vergib uns unsere Schuld,
wie auch wir vergeben unsern Schuldigern.
Und führe uns nicht in Versuchung,
sondern erlöse uns von dem Bösen.
Denn dein ist das Reich und die Kraft
und die Herrlichkeit in Ewigkeit. Amen.

Gegrüßet seist du, Maria,
voll der Gnade,
der Herr ist mit dir.
Du bist gebenedeit* unter den Frauen,
und gebenedeit ist die Frucht deines Leibes,

Jesus, ... *(hier folgen die Einschübe der „Gesätze“).*

Heilige Maria, Mutter Gottes,
bitte für uns Sünder
jetzt und in der Stunde unseres Todes. Amen.

* Das kommt aus dem Lateinischen und bedeutet: „gesegnet“ (wörtlich: gut-gesagt).

Jeder Rosenkranz hat seine Geschichte

Zur Erstkommunion habe ich einen handgeknüpften Rosenkranz aus dem Marienwallfahrtsort Kevelaer bekommen. Bald schenkte mir jemand einen, der hatte bei den Perlen der Gesätze unterschiedliche Farben – für jeden Erdteil eine. Sabine gab mir einen Rosenkranz aus Jerusalem mit einem besonderen Medaillon. Meine Mutter brachte mir einen schönen aus Lourdes mit, wo besonders für Kranke gebetet wird.

Als Student habe ich einen „Mini-Rosenkranz" am Zeigefinger gebetet – mit nur 10 Holzperlen und einem Kreuz. Unseren Riesen-Vorführ-Rosenkranz in der Gemeinde müssen mindestens drei Kinder halten. Ein indischer Priester hat mir einmal einen Rosenkranz mit geriffelten Perlen aus wohlriechendem Holz geschenkt. Im Auto bete ich den mit schlichten dicken Olivenholzperlen; der hängt am Spiegel. Am kostbarsten ist mir der Rosenkranz mit den vergilbten Perlen von meinem verstorbenen Vater. Den hat er schon als Soldat während des Krieges in Russland gebetet. Und vielleicht gebrauchte ihn davor schon meine Oma oder mein Opa …

Wusstest du schon?

- Schon seit gut 700 Jahren beten Christen den Rosenkranz wie wir heute.
- Im Rosenkranzmonat Oktober wird er häufiger gemeinsam gebetet.
- Manche beten ihn als Fürbitte um Frieden oder für Kranke oder nur aus Freundschaft zu Jesus.

Mit Maria bei Jesus

Maria hat Jesus auf seinem Lebensweg begleitet. Sie hat nicht alles verstanden, was Jesus getan oder gesagt hat. Aber sie hat ihm vertraut und ihm gut zugehört. Als auf der Hochzeit in Kana der Wein ausging, hat sie zum Beispiel zu den Helfern gesagt: „Was er euch sagt, das tut!" Sie wusste: Auf Jesus hören, das ist wichtig. Bei ihr kann ich Jesus kennen lernen.

Wenn ich den Rosenkranz bete, spreche ich viele Male das *Gegrüßet seist du, Maria*. Ich schaue mit Maria auf Jesus, ihren Sohn. Ich denke an Jesus und betrachte sein Leben, wie Maria es miterlebt hat: Die Geheimnisse seiner Kindheit, die Predigt von Gott, dem guten Vater, sein Leiden und Sterben führen mich mit Maria auch in seine ewige Herrlichkeit.

Wenn ich den Rosenkranz mit seinen insgesamt 20 eingefügten Geheimnissen bete, ehre ich Maria. Der Rosenkranz ist dann wie ein Strauß aus vielen roten Rosen, den ich ihr bringe. Und Maria zeigt mir Jesus.

Immer das Gleiche?

Auf der ganzen Welt beten Christen den Rosenkranz. Das verbindet. Sie beten in unterschiedlichen Sprachen und in unterschiedlichen Anliegen, aber immer dieselben Gebete. Immer das Gleiche. Warum eigentlich?

Früher konnten einfache Menschen nur das *Ehre sei dem Vater* und das *Vater unser,* das *Gegrüßet seist du, Maria* und das *Glaubensbekenntnis* auswendig. Vielleicht noch ein Tischgebet, ein Morgengebet und ein Abendgebet.

Du kannst beim wiederholenden Beten die eigenen Gedanken in die Perlenkette einknüpfen. Du hast viel Zeit zum Denken: An alles, was Maria erlebt hat. An all deine Sorgen. An liebe Menschen. Und besonders an Jesus. Das Rosenkranz-Beten geht leicht. Maria ist eine gute Katechetin. Probier´s!

Mit den Perlen hast du dein Beten im Griff. Frag Maria! Grüß sie! Freu dich an ihr! Bitte sie um Hilfe! Sie hilft gern! Sag immer wieder: „Gegrüßet seist du, Maria"! Vielleicht würde man heute sagen: „Hallo, Maria … Du bist doch bei Jesus … Hilfst du uns, bitte?"

Die freudenreichen Geheimnisse

Jesus, den du, o Jungfrau, vom Heiligen Geist empfangen hast

Maria kann sich noch gar nicht vorstellen, dass sie Mutter werden soll. Doch Gott sagt ihr durch den Engel: Du wirst ein göttliches Kind bekommen. Gib ihm den Namen Jesus.

Lukas 1,35

Viele Gesätze greifen Begebenheiten aus der Bibel auf.
Das Symbol gibt dir jedes Mal die zum Gesätz passende Bibelstelle an.

Jesus, den du, o Jungfrau, zu Elisabet getragen hast

Auch Elisabet, eine Verwandte von Maria, bekommt ein Kind. Elisabet ruft, als Maria sie besucht: „Da kommt die Mutter Gottes!“ Und Maria dankt Gott: „Meine Seele preist die Größe des Herrn …“

Lukas 1,39–56

Bei diesen Gesätzen freue ich mich über den Mut, den Maria hatte. Sie hat Ja zu Gottes Willen gesagt. Ich denke daran, dass Gott auch für uns Großartiges tut.

Jesus, den du, o Jungfrau, in Betlehem geboren hast

Als Maria Jesus geboren hat, singen die Engel des Himmels vor Freude bei den Hirten. Diese einfachen Leute eilen als Erste zum Stall, um das kleine Kind zu sehen. Auch Sterndeuter aus verschiedenen Teilen der Erde kommen, um den neugeborenen „König“ zu ehren. Jesus ist in der Stille und in großer Einfachheit für alle Menschen auf der Welt geboren. Der Himmel und die Erde freuen sich: Jesus, der Retter, ist da!

Lukas 2,1–20

Bei diesem Gesätz bete ich, dass wir uns alle darüber freuen, dass Jesus so Mensch geworden ist. Ich danke Gott, weil er uns Jesus geschenkt hat. Ich bitte, dass möglichst viele Kinder Jesus verstehen und lieben.

Jesus, den du, o Jungfrau, im Tempel aufgeopfert hast

Maria und Josef bringen Jesus bald nach der Geburt in den Tempel nach Jerusalem, um Gott für das Kind zu danken. Das war zur damaligen Zeit fast wie eine Taufe heute. Sie hören vom alten Simeon und der Prophetin Hanna, dass Gott Großes mit diesem Kind vorhat. Maria und Josef ahnen: Sie werden Jesus für eine große Aufgabe abgeben, also sozusagen aufopfern müssen.

Lukas 2,22–40

Bei diesem Gesätz bete ich, dass wir Gottes manchmal schwere Wege besser verstehen. Ich denke daran, dass wir Christen bei unserer Taufe in die Kirche gekommen sind. Ich bitte Gott, dass alle getauften Kinder Jesus gut kennen lernen.

Jesus, den du, o Jungfrau, im Tempel wiedergefunden hast

Jesus darf mit zwölf Jahren zum ersten Mal mit seinen Eltern zum Paschafest nach Jerusalem reisen. Er ist jetzt alt genug, um wie die Erwachsenen die jüdischen Vorschriften einzuhalten. Wie wir zu großen Festen zur Kirche gehen, so gehen die Juden in den Tempel, um Gott zu danken. Maria und Josef sind schon auf dem Heimweg, als sie bemerken, dass Jesus nicht mehr bei ihnen ist. Sie gehen zurück und suchen ihn überall in der großen Stadt. Sie machen sich Sorgen.

Nach drei Tagen finden sie ihn im Tempel. Jesus diskutiert mit den Schriftgelehrten. Maria und Josef machen ihm Vorwürfe. Doch Jesus versteht ihre Angst nicht, denn er fühlt sich wohl im Tempel, dem Haus seines Vaters. Da beginnt Maria zu ahnen: Ja, das ist sein Platz. Mitten in seinem Volk. Jesus wird den Menschen Gott nahe bringen.

Lukas 2,41–52

Bei diesem Gesätz bete ich, dass wir Jesus gut zuhören und seine Botschaft ernst nehmen. Ich danke Gott, dass ich schon so viel von Jesus weiß. Gern möchte ich mit anderen über Gott sprechen.

Die lichtreichen Geheimnisse

Jesus, der von Johannes getauft worden ist

Johannes der Täufer ruft die Menschen zur Umkehr auf. Viele Menschen kommen und lassen sich von Johannes im Jordan taufen. Auch Jesus reiht sich zur Taufe ein. Dabei öffnet sich der Himmel und eine Stimme spricht: „Du bist mein geliebter Sohn, an dir habe ich Gefallen gefunden."

Lukas 3,21–22

Bei diesem Gesätz freue ich mich: Seit meiner Taufe gehöre ich ganz zu Jesus. Er reinigt mein Leben von Bösem. Er ist mein Freund. Ich sehe die Welt mit neuen Augen.

Jesus, der sich bei der Hochzeit in Kana offenbart hat

Auf der Hochzeit in Kana geht der Wein aus. Maria weiß, dass Jesus helfen kann. Sie sagt es ihm, und er verwandelt sehr viel Wasser in Wein. Damit zeigt Jesus auch, wie großzügig Gott ist.

Johannes 2,1–12

Jesus, der uns das Reich Gottes verkündet hat

Jesus erzählt den Menschen viel vom Reich Gottes. Er bittet uns, Gottes Reichtum zu suchen. An seiner neuen Welt dürfen wir auf der Erde mitbauen und die Gemeinschaft des Himmels finden. Darum beten wir im *Vater unser*: „Dein Reich komme!“

Matthäus 9,35

Bei diesen Gesätzen denke ich daran, dass Maria auf der Hochzeit in Kana zu den Dienern gesagt hat: „Was Jesus euch sagt, das tut!“ Jesus ist Gottes Sohn. Ich freue mich, dass mit Jesus schon Gottes neue Welt anfängt.

Jesus, der auf dem Berg verklärt worden ist

Drei Jünger sehen Jesus auf einem Berg verklärt, also im Licht Gottes, so wie es nach Jesu Auferstehung sein wird. Petrus, Johannes und Jakobus hören auch eine Stimme vom Himmel: „Das ist mein auserwählter Sohn, auf ihn sollt ihr hören."

Lukas 9,28–36

Bei diesem Gesätz denke ich daran, dass Gott Jesus nach seinem Tod am Kreuz auferweckt hat. Auch uns hat Jesus ewiges Leben bei seinem Vater versprochen.
Die Osterkerze erinnert uns an den Auferstandenen und unsere Hoffnung auf das ewige Leben bei Gott.

Jesus, der uns die Eucharistie geschenkt hat

Beim letzten Abendmahl nimmt Jesus das Brot und den Kelch mit Wein in seine Hände. Er betet und sagt: „Das ist mein Leib, das ist mein Blut." „Ich bin das lebendige Brot, das vom Himmel herabgekommen ist. Wer meinen Leib isst und mein Blut trinkt, hat das ewige Leben."

Lukas 22,14–23; Johannes 6,51.54

Bei diesem Gesätz denke ich daran: Wenn wir die Eucharistie feiern, ist Jesus uns in seinem Leben und Sterben ganz nahe. In der Kommunion schenkt er sich selbst an uns. Er stärkt uns und viele Christen auf der ganzen Welt mit dem „Brot des Lebens", das er selber ist.

Die schmerzhaften Geheimnisse

Jesus, der für uns Blut geschwitzt hat

Am Abend nach dem letzten Abendmahl betet Jesus allein. Er weiß: Es gibt einige Römer und Juden, die ihn töten wollen. Jesus hat große Angst. Er schwitzt Blut und Wasser. Er vertraut sich im Gebet Gott, seinem Vater, an. Der hilft ihm.

Lukas 22,44

Jesus, der für uns gegeißelt worden ist

Die Soldaten schlagen Jesus mit Stricken und mit Stöcken. Sie verspotten ihn. Jesus ist kein Verbrecher. Dennoch wehrt er sich nicht. Er erträgt alle Qualen aus Liebe zu den Menschen.

Johannes 19,1

Bei diesen Gesätzen bete ich für alle, die Angst haben oder verspottet werden. Ich bitte Jesus, dass auch sie sich Gott anvertrauen können. Ich danke Jesus für seine Liebe, die stärker war als seine Angst.

Jesus, der für uns mit Dornen gekrönt worden ist

„Kommt, wir spielen ein Spiel mit Jesus“, sagen die Soldaten. „Er hat ja gesagt: Ich bin ein König.“ Sie geben ihm den roten Königsmantel, einen Stab und eine Krone aus Dornen. Sie schlagen und verhöhnen ihn.

Johannes 19,2

Jesus, der für uns das schwere Kreuz getragen hat

Jesus muss sein Kreuz bis zum Berg Golgota tragen. Nicht in der Stadt soll er gekreuzigt werden. Unter der schweren Last bricht er oft zusammen. Aber er geht seinen Weg weiter.

Johannes 19,17

Bei diesen Gesätzen denke ich daran, dass Jesus kein mächtiger König und Herrscher in der Welt war. Jesus ist ein König der Herzen. Ein König der Liebe. Ein König für die Armen und Schwachen. Ein König des Himmels.

Jesus, der für uns gekreuzigt worden ist

Jesus wird an das Kreuz genagelt. Er hat große Schmerzen. Nur Maria, seine Mutter, sein Freund Johannes und einige wenige stehen nahe bei ihm unter dem Kreuz. Bevor Jesus stirbt, ruft er: „Vater, ich gebe mich ganz in deine Hände."

Johannes 19,18–30; Lukas 23,44–49

Bei diesem Gesätz bitte ich Gott, dass wir vor Schwerem nicht so schnell weglaufen, sondern besser durchhalten. Ich denke daran, dass Jesus ganz seinem Vater vertraut. Ich danke Gott, dass er uns nie allein lässt.

Die glorreichen Geheimnisse

Jesus, der von den Toten auferstanden ist

Einige Frauen finden das Felsengrab leer, in das sein toter Körper gelegt worden ist. Jesus ist auferstanden. Er erscheint mehreren seiner Freunde, um ihnen zu zeigen, dass er wirklich lebt.

Lukas 24,1–49

Jesus, der in den Himmel aufgefahren ist

Jesus kehrt zu seinem Vater in den Himmel zurück. Beim Abschied segnet er die Jünger und bittet sie, allen Menschen seine frohe Botschaft zu verkünden. Er verspricht ihnen: „Ich werde bei euch sein bis ans Ende der Welt."

Matthäus 28,16–20

Bei diesen Gesätzen freue ich mich, dass Jesus den Tod erlebt und doch überwunden hat. Er verspricht uns allen das ewige Leben. Ich denke auch daran, dass deshalb unsere Kirche so lebendig ist, weil Jesus jeden Tag in ihr lebt.

Jesus, der uns den Heiligen Geist gesandt hat

Die Jünger spüren an Pfingsten feurig den Heiligen Geist. Es ist der Geist, den Jesus ihnen versprochen hat. Er stärkt sie. Plötzlich können sie in allen Sprachen verständlich reden. Auch Maria betet mit ihnen. Die Jünger haben jetzt Mut, allen die frohe Botschaft Jesu zu predigen.

Apostelgeschichte 2,1–13

Bei diesem Gesätz danke ich Jesus, dass er uns in der Taufe, in der Firmung und im Alltag seinen Heiligen Geist schenkt. Ich bitte ihn, dass der Heilige Geist uns hilft, richtig zu glauben und zu beten und für andere da zu sein.

Jesus, der dich, o Jungfrau, in den Himmel aufgenommen hat

Als erster Mensch ist Maria ganz bei Gott. Die Kirche hat das später auch von den Heiligen gesagt. Maria ist gestorben und mit Leib und Seele in den Himmel aufgenommen worden. Dort ist sie bei Jesus, ihrem Sohn. Auch uns will Jesus bei Gott ganz in seine Nähe rufen. Das hat er an Maria schon gezeigt.

1 Korinther 15,22–23

Jesus, der dich, o Jungfrau, im Himmel gekrönt hat

Jesus liebt Maria, seine Mutter. Sie hat ihn in allem begleitet. Jesus teilt mit ihr seine königliche Würde. Maria ist es wert, dass er sie der Welt als Königin zeigt.

Offenbarung 12,1

Wir danken Gott, dass er uns Maria geschenkt hat.
Wir preisen Gott, der Maria im Himmel geehrt hat.
Wir freuen uns darauf, selbst einmal bei Gott
sein zu dürfen.

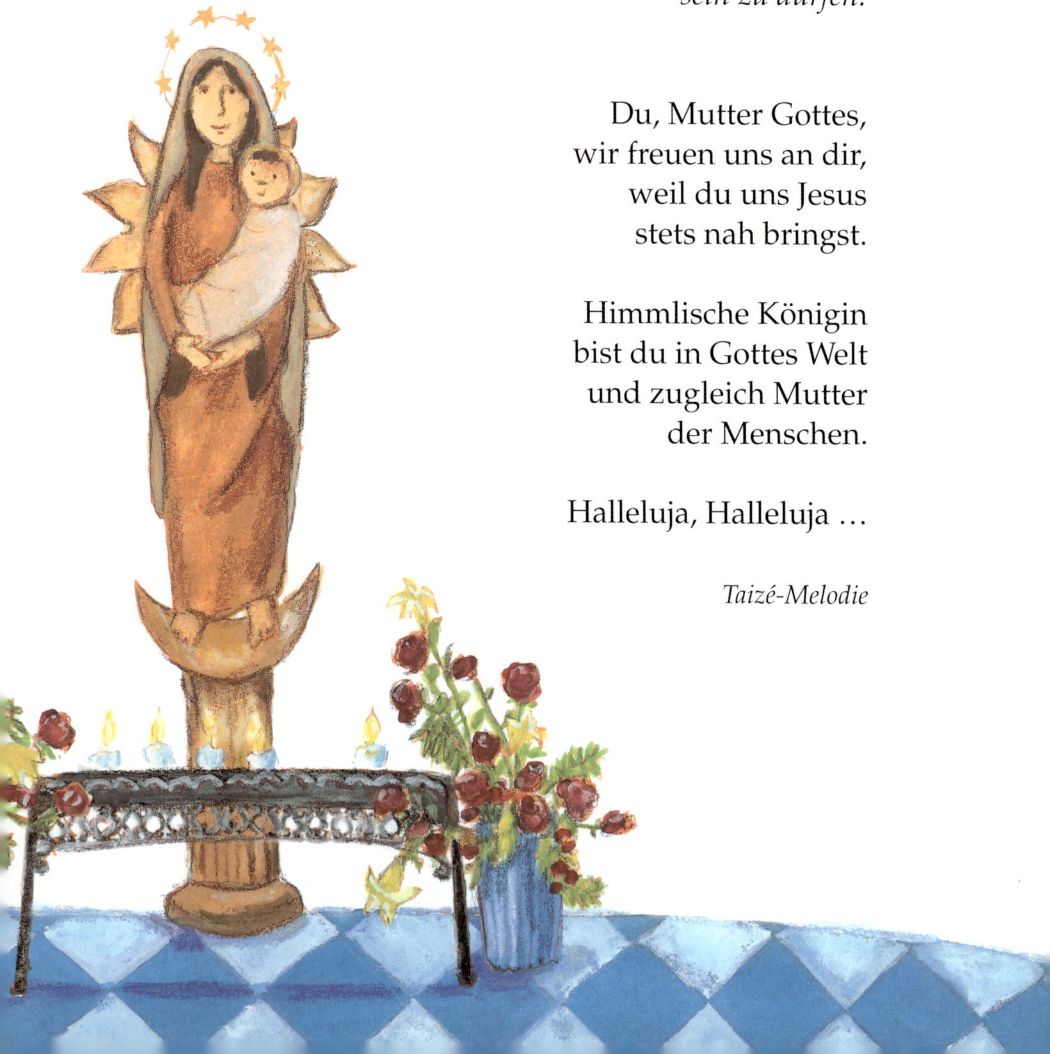

Du, Mutter Gottes,
wir freuen uns an dir,
weil du uns Jesus
stets nah bringst.

Himmlische Königin
bist du in Gottes Welt
und zugleich Mutter
der Menschen.

Halleluja, Halleluja …

Taizé-Melodie

Dein eigener Rosenkranz

Könntest du einen Rosenkranz mit deinen eigenen Worten verfassen? Welche fünf Sätze würdest du über Jesus sagen, die dir besonders wichtig sind? Damit der Rosenkranz nicht so lange dauert, kannst du auch immer nur ein *Gegrüßet seist du, Maria* pro Einschub beten. Also los! Welchen Satz willst du über Jesus sagen?

Vater unser …

Gegrüßet seist du, Maria, voll der Gnade, der Herr ist mit dir. Du bist gebenedeit unter den Frauen, und gebenedeit ist die Frucht deines Leibes, Jesus, …

Hier folgen deine Sätze, zum Beispiel:

- *… der die Kinder gesegnet hat*
- *… mit dem ich immer sprechen kann*
- *… der mich kennt*
- *… der uns im heiligen Brot stärkt*
- *… der …* (Welche Idee hast du?)
- *…*

Heilige Maria, Mutter Gottes, bitte für uns Sünder jetzt und in der Stunde unseres Todes. Amen.

Maria, breit den Mantel aus

Maria, breit den Mantel aus,
mach Schirm und Schild für uns daraus;
lass uns darunter sicher stehn,
bis alle Stürm vorübergehn.
Patronin voller Güte,
uns allezeit behüte.

Dein Mantel ist sehr weit und breit,
er deckt die ganze Christenheit,
er deckt die weite, weite Welt,
ist aller Zuflucht und Gezelt.
Patronin voller Güte,
uns allezeit behüte.

Altes Marienlied

Alle Rosenkranzgeheimnisse auf einen Blick

Die freudenreichen Geheimnisse

Jesus, den du, o Jungfrau, vom Heiligen Geist empfangen hast
Jesus, den du, o Jungfrau, zu Elisabet getragen hast
Jesus, den du, o Jungfrau, in Betlehem geboren hast
Jesus, den du, o Jungfrau, im Tempel aufgeopfert hast
Jesus, den du, o Jungfrau, im Tempel wiedergefunden hast

Die lichtreichen Geheimnisse

Jesus, der von Johannes getauft worden ist
Jesus, der sich bei der Hochzeit in Kana offenbart hat
Jesus, der uns das Reich Gottes verkündet hat
Jesus, der auf dem Berg verklärt worden ist
Jesus, der uns die Eucharistie geschenkt hat